CHRONIQUES DE FORTNITE

VOLUME 3

OFFICIEL

hachette
JEUNESSE

SOMMAIRE

TOUS AU BUS DE COMBAT !

Depuis 2017, les joueurs de Fortnite vivent une aventure épique. Des quêtes aux défis, en passant par les récompenses du Passe de combat, les changements sur la carte, les super nouvelles tenues et les tournois, le jeu évolue sans cesse. Mais, la question est : peux-tu suivre le rythme ?

Heureusement, ce livre est là pour t'aider et te guider. Retrouve, au fil de ses pages, les événements, personnages, évolutions et anecdotes marquants de Battle Royale. Reviens sur les 12 derniers mois du jeu et revis toutes les grandes surprises et moments mémorables que la communauté Fortnite a vécus.

Prêt à grimper dans le bus de combat ? Accroche-toi, car ça va être une sacrée balade.

QUE LE BATTLE ROYALE COMMENCE !

CHOISIS TON SITE D'ATTERRISSAGE ET PRÉPARE-TOI À TESTER TES CONNAISSANCES !

Chaque jour, des millions de joueurs explorent l'île. Le jeu innove et évolue constamment. Tous les joueurs peuvent tenter leur chance en se lançant dans des quêtes palpitantes pour devenir LE meilleur. Mais comment le jeu parvient-il à nous tenir en haleine saison après saison ? Tourne la page pour en savoir plus...

FORTNITE POUR TOUJOURS

LES TEMPS CHANGENT

Le principe de Fortnite n'a jamais changé : 100 joueurs sautent sur l'île en début de partie et la Victoire royale est accordée au dernier joueur ou à la dernière section en jeu. Mais le jeu se renouvelle sans cesse : chaque saison offre son lot de nouvelles dynamiques, objets ou tenues. Récemment, les camions et voitures de sport, les animaux sauvages et même la pêche y ont fait leur apparition. Fortnite est toujours en mouvement, et tu devrais faire pareil.

ON RESTE EN CONTACT

Quoi de mieux que de plonger dans une partie de Fortnite avec ses amis ? La compatibilité entre les plateformes de jeu vous permettra d'affronter l'ennemi tous ensemble, que vous jouiez sur PC, smartphone ou console. Tu cherches un super endroit où traîner, regarder des films, et profiter d'événements spéciaux dans une zone sans combats ? Fête Royale est faite pour toi ! La Saison 2 : Chapitre 4 offre quant à elle la possibilité de discuter en vidéo dans Fortnite via l'application Houseparty et est un bon moyen de rester en contact avec ses amis.

UNE COMMUNAUTÉ AU CENTRE DU JEU

La communauté Fortnite a une voix importante et Epic est toujours à l'écoute des retours de ses joueurs. Régulièrement mis à jour, le jeu développe un contenu incroyable en mode Créatif, offre toujours de nouvelles saisons d'aventure dans Sauver le Monde et, avec des tournois réguliers comme la Fortnite Champion Series (FNCS) et le Friday Nite Fortnite, il propose toujours de nouvelles choses à découvrir. Constituée de joueurs venant des quatre coins du monde, c'est une communauté soudée et dynamique.

ATTEINDRE LES LIMITES

De l'Espion intérieur à Air Royale, en passant par Garde du corps, Rallye royal et Taxis Tilted, de nouveaux modes de jeux temporaires, de quelques semaines ou jours seulement, apparaissent tout au long du Chapitre 2. De nouvelles règles et toujours plus d'action y attendent les joueurs. L'idéal pour améliorer sa technique de jeu ! Quand un mode de jeu temporaire apparaît dans le menu, tu sais que ça va chauffer !

À TA GUISE !

Dans Fortnite, c'est toi qui choisis : ce que tu veux faire, ce que tu accomplis, et la voie que tu veux explorer. Même si tu ne réalises pas les mêmes exploits que les plus grands streamers ou les gagnants de la FNCS, tu peux quand même t'éclater et ressentir ce que ça fait que de participer au jeu le plus cool du monde. Le Battle Royale est ouvert à tous, alors attrape une arme et écris ton histoire !

UN NOUVEAU CHAPITRE

L'ÎLE DU CHAPITRE 2

Pendant toute l'année, mises à jour, nouveautés et changements ont ponctué le Chapitre 2. La Saison 5 voit arriver les sables mouvants cristallins et la Saison 6, une région sauvage. Des personnages offrant quêtes et objets, une monnaie locale en lingots, des objets spéciaux exotiques, et même la fabrication à partir d'os d'animaux et de pièces mécaniques font aussi leur apparition tout au long de ce chapitre. Ajoute à cela des super-héros en pagaille, de terribles requins à butin, des maraudeurs et même des espions, voilà un Chapitre 2 plein de surprises.

Le Chapitre 2 a aussi droit à une grande inondation lors de la Saison 3 et au passage de l'île sous le contrôle d'un vaisseau de commandement volant, lors de la saison suivante. La Flèche, entourée de son climat et de sa végétation propres, fait quant à elle son apparition au centre de la carte lors du Chapitre 2 : Saison 6.

Le Passe de combat est lui aussi rafraîchi tout au long du Chapitre 2. Tu as pu ainsi débloquer les tenues A.L.T.E.R. et E.G.O. en complétant des défis, obtenir de super récompenses comme des emotes et des planeurs, participer aux défis d'Éveil des super-héros de la Saison 4, et t'abonner à la nouvelle offre du Club de Fortnite permettant d'avoir toujours accès au Passe de combat du moment. Il est maintenant temps de revivre certains temps forts du Chapitre 2. De combien d'entre eux te souviens-tu ?

PRIME TIME

TOUT A DÉGÉNÉRÉ LORSQU'ON A SCELLÉ LE POINT ZÉRO DANS LA PIERRE

Une atmosphère, une histoire et un style nouveaux débarquent sur l'île avec le Chapitre 2 : Saison 6. Après bien des efforts de l'agent Jones et de la Fondation, le point zéro se retrouve enfermé dans une gigantesque tour de pierre : la Flèche.

Deux nouveaux points d'intérêt (POIs) peuvent désormais être découverts : Colossal Crops à l'est de la Flèche et Boney Burbs à l'ouest. S'étendant dans toutes les directions autour de la Flèche, un environnement primitif apporte avec lui son lot de combats sauvages. En t'aventurant à la frontière de ses paysages ancestraux, tu peux rencontrer des gardiens protégés par des forces mystérieuses. Mieux vaut alors avoir ses instincts primitifs bien aiguisés.

Le Chapitre 2 : Saison 6 est sauvage dans tous les sens du terme. Des animaux entrent en scène : loups, poulets, sangliers, grenouilles... Et pourtant, les prédateurs les plus terrifiants ne sont pas encore de la partie. La tension monte d'un cran, c'est le moins que l'on puisse dire !

CRÉATION DE PERSONNAGES

À partir du Chapitre 2 : Saison 5, l'île se peuple d'habitants, appelés les personnages. Parmi eux, on retrouve des visages familiers comme Poiscaille de guerre, Broussaille ou Cabot. Tu peux interagir avec eux et relever leurs défis au cours desquels tu dois retrouver et éliminer un ennemi précis. On appelle ces missions des contrats et les mener à bien promet de belles récompenses !

LINGOTS À GOGO

Obtenus en récompense de l'accomplissement d'un contrat, les lingots deviennent une nouvelle monnaie d'échange sur l'île lors du Chapitre 2 : Saison 5. Grâce à eux, tu peux acheter des objets et des améliorations aux personnages.

COLLECTIONNE

Tu peux aussi trouver les lingots dans des cachettes en fouillant les environs. Et ce n'est pas tout, tu peux ramasser les lingots de tes ennemis éliminés et en gagner en achevant des quêtes données par les personnages. Chaque joueur peut accumuler jusqu'à 10 000 lingots dans le Chapitre 2 : Saison 5.

ENGAGE-LES

Certains personnages peuvent aussi être engagés contre 100 lingots. En échange, ils te suivent partout, combattent à tes côtés et te protègent. Avoir Gâthomme ou Maève avec toi au cœur de la bataille devient tout de suite un sacré avantage.

EN DUEL

Tu te sens courageux ? Tu estimes être au top ? Au lieu de négocier avec un personnage, tu peux aussi le provoquer en duel. En cas de victoire, tu repartiras avec une arme et de quoi être un peu plus fier. Vaincre quelqu'un comme Brutus, on peut dire que ça fait plaisir.

LE ZÉRO POINTÉ

Lors du Chapitre 2 : Saison 5, aussi appelé la saison du point zéro, l'agent Jones recrute des chasseurs afin d'empêcher quiconque de débarquer sur l'île en passant par le point zéro. Dangereusement exposé après avoir été déstabilisé, son énergie a généré le désert cristallin qui l'entoure et dans lequel tu peux te déplacer rapidement sous le sable pour bondir sur ses ennemis.

CLAIR COMME DE L'EAU DE ROCHE

Les cristaux du point zéro sont des objets récupérables dans le désert cristallin. Ils peuvent être utilisés comme de petits bonus de vitesse et de téléportation, mais ne permettent pas de se soigner.

FORTNITE INONDÉ

Comment oublier la vie sur l'île quand le Chapitre 2 : Saison 3 est arrivé ? À la suite du Dispositif, l'événement marquant la fin du Chapitre 2 : Saison 2, et à sa gigantesque vague, l'île est complètement inondée. Ce nouvel environnement oblige les joueurs à se mouiller et à relever les défis aquatiques qui les attendent. Avec l'eau, arrivent aussi de nouvelles menaces, à la surface comme en-dessous. Heureusement, de toutes nouvelles armes permettent d'affronter ces dangers.

REQUINS À BUTIN

Certains joueurs bien malins découvrent comment être à l'aise dans les eaux infestées de requins : armés d'une canne à pêche, il suffit d'en chevaucher un ! Ces vicieux requins peuvent aussi être vaincus pour du butin.

BONUS ESSENTIELS

MARAUDEURS

Ennemis IA venus du ciel lors du Chapitre 2 : Saison 3, les maraudeurs rôdent sur l'île, toujours prêts au combat.

PARAPLUIE PERSO

Ce planeur parapluie personnalisable est l'une des nombreuses raisons de surveiller ton Passe de combat du Chapitre 2 : Saison 3.

CHANGEMENT DE DÉCOR

Une fois le niveau de l'eau redescendu, c'est un paysage neuf qui s'offre aux joueurs, révélant de nouveaux lieux et un mode de transport inédit.

REJOINS LE CLUB

Lancé au cours du Chapitre 2 : Saison 5, le Club de Fortnite est l'abonnement ultime. Il inclut le Passe de combat du moment, 1 000 V-bucks, et un lot mensuel contenant une nouvelle tenue exclusive réservée à ses membres.

EXTRA EXOTIQUE

La rareté exotique est introduite au Chapitre 2. C'est quelque chose que d'aller voir un personnage et d'obtenir de lui une arme exotique. Chacune de ces armes a quelque chose de bien spécial, alors ça vaut le coup d'essayer d'en avoir une.

L'ESPRIT DE COMPÉTITION

Fortnite Champion Series (FNCS), Coupes Cash, Coupes du Créateur, Friday Nite Fortnite et d'autres encore... les compétitions ponctuent le Chapitre 2 de Fortnite.

NOUVELLE GÉNÉRATION

Sorties durant le Chapitre 2 : Saison 4, les nouvelles générations de consoles (PlayStation 5, Xbox Series X, et Xbox Series X) permettent aux joueurs de profiter d'encore plus de puissance et de meilleurs graphismes. Et parce qu'on n'oublie pas le passé quand on regarde vers le futur, les joueurs de toutes les plateformes peuvent décrocher la pioche Hache du souvenir gratuitement !

CONNAIS LES CODES

Des combats de constructions aux Boxfights, en passant par Opération destruction, Chasse aux accessoires et Capture de drapeau, il y a des tonnes de cartes à découvrir en mode Créatif. C'est un bon moyen d'essayer d'autres modes de jeu et de nouvelles règles, alors guette les codes d'îles !

INFOS FORTNITE

CONNAIS-TU BIEN TON BATTLE ROYALE ?

- L'anniversaire du mode Battle Royale de Fortnite est le 26 septembre. Chaque année, à cette date, on peut participer à des défis sur l'île et obtenir des objets spéciaux !
- Le missile guidé est le premier objet à sortir de la remise lors du Chapitre 1 : Saison 5. Il peut même être chevauché, tout comme les roquettes du lance-roquettes.
- Les coffres blindés débarquent dans le jeu lors du Chapitre 2 : Saison 6 et offrent du butin allant de rare à légendaire, dont des lance-roquettes.
- La fin du Chapitre 2 : Saison 4 marque un record. Environ 15,3 millions de joueurs ont joué en même temps à un événement devant 3,4 millions de spectateurs sur Twitch et YouTube. Impressionnant !
- Durant le Chapitre 2 : Saison 2, Fortnite avait près de 350 millions de joueurs inscrits. Rien qu'en avril 2020, les joueurs ont passé plus de 3,2 milliards d'heures en jeu.
- Dans le mode compétitif Arène, les joueurs gagnent du Succès en fonction de leur rang dans l'Arène. Il faut atteindre la ligue Champion (6 000 de Succès) pour accéder aux tournois les plus rudes.
- La tenue entièrement personnalisable Maya la spécialiste du Chapitre 2 : Saison 2 a plus de 3,8 millions d'apparences possibles.
- As-tu déjà remarqué que le puissant moteur placé sur le toit du bus de combat porte le symbole V-bucks ? Jette un œil la prochaine fois que tu montes à bord !

- Plus de 7 millions de spectateurs ont regardé la fin, l'événement final de la Saison X (et du Chapitre 1), sur YouTube, Twitch et Twitter. Le trou noir, resté là 36 heures, les a complètement stupéfaits.
- En 2019, Bandolier, un personnage de l'île du Chapitre 2 : Saison 5, est le premier à remporter l'élection du choix de la communauté, permettant ainsi à sa tenue de revenir dans la boutique.
- Lors de la première saison de compétition officielle de Fortnite, 100 millions de dollars ont été mis en jeu dans les tournois e-sport.
- Tu aimes les modes temporaires ? 50v50 fut le tout premier de Battle Royale, et il est sorti en décembre 2017.
- Le Chapitre 1 : Saison 1 est la seule saison sans Passe de combat.

MATE MA TENUE

UN STYLE QUI TUE...

Grâce à la vue à la troisième personne de Fornite, tu vois en permanence la tenue que tu portes. Alors, autant qu'elle soit aussi stylée que possible à l'écran ! Tout au long du Chapitre 2, tu as pu découvrir des centaines de nouvelles tenues époustouflantes, ainsi que de nombreuses variantes. Du look de personnage d'anime à la star de foot, en passant par les robots futuristes ou le mec avec une pile de pancakes à la place de la tête, il y aura toujours une tenue pour t'interpeler dans la boutique ou dans le Passe de combat.

PLUS FORT ENSEMBLE

Tout comme les tenues, les ensembles proposent des éléments allant de pair, comme les accessoires de dos, les planeurs ou les pioches. Crée ton propre style en choisissant de tout assortir ou bien de mélanger les objets d'ensembles différents. N'oublie pas d'explorer les styles variés qu'une tenue peut proposer.

ASSASSIN DE LA FLÈCHE

Disponible dans le Passe de combat du Chapitre 2 : Saison 6, l'Assassin de la Flèche fait partie de l'ensemble Ombre de la flèche. Décrite comme « le gardien d'un monde au-delà de cette réalité », cette tenue légendaire assure avec son look futuriste.

AGENT JONES

Dans la même saison, cette tenue de rareté épique est parfaite pour l'aventureux agent Jones. Ses cinq styles à débloquer permettent de choisir entre un costume impeccable et des tenues... moins soignées.

PIOUPIOU

Tu as encore besoin d'arguments en faveur du Passe de combat ? Cette tenue issue de celui du Chapitre 2 : Saison 6 devrait te convaincre ! Pioupiou a deux autres styles, dont un bleuvagesque. Cocorico !

MAÈVE

Voici une autre tenue immanquable du Passe de combat du Chapitre 2 : Saison 5, ce qui te fait... une belle jambe ! Car vois-tu, ses jambes se transforment en nageoires quand elle nage. Sympa, n'est-ce pas ? Les styles Imbattable et Destructrice de Maève modifient quant à eux son armure, et la rendent bien plus effrayante.

GÂTHOMME

Les habitués du jeu savent que Fortnite cultive une longue tradition de tenues plus bizarres et plus merveilleuses les unes que les autres. Dans le Chapitre 2 : Saison 5, Gâthomme, avec sa pile de pancakes dégoulinant de beurre à la place de la tête, en est l'exemple parfait ! Avec son style Far West, Gâthomme est une tenue qui marquera les mémoires encore longtemps.

REESE

Si tu aimes les nouvelles technologies, alors cette tenue intergalactique est pour toi. Issue elle aussi du Passe de combat du Chapitre 2 : Saison 5, Reese dispose de toute une variété de styles d'armures. Quand, en plus, elle porte son marteau Ne'Jari et son accessoire de dos Module zéro G, Reese ressemble à quelqu'un qui n'est pas là pour rigoler.

LEXA

Disponible au niveau 73 du Passe de combat du Chapitre 2 : Saison 5, Lexa a été la première d'une série de tenues de Battle Royale inspirées d'animes. Simple et percutant, son style a conquis la communauté Fortnite. Orin, une autre tenue façon anime, la suit rapidement.

VIEILLE ÉCOLE

Dans le Chapitre 2 : Saison 4, l'ensemble Origines propose des tenues rappelant des visages connus du Chapitre 1, dont Jonesy originel, Coupe-têtes primaire et Lynx primordiale.

KIT

Kit, du Chapitre 2 : Saison 3, fait bien moins peur ! Fils de Miaousclé du Chapitre 2 : Saison 2, cette petite légende se tient sur un robot-moto en se pavanant et en ronronnant comme Papa. Ses styles Joyeux et Survolté sont respectivement les pendants des styles Fantôme et Ombre de Miaousclé.

JULIE

Prêt pour une démonstration de force et de discrétion ? Julie est là pour ça ! Issue de l'ensemble Moteurs intrépides, cette soudeuse aussi solide que le titane n'a pas de temps à perdre avec les amateurs. Son outil de collecte Serreuses complète à merveille son air sévère.

MISTER BANANE

C'est lors du lancement du Chapitre 2 : Saison 2 que Mister Banane apparaît sur nos écrans pour la première fois. Un moment mémorable ! Qui aurait pu penser que se glisser dans un costume trois pièces pouvait faire de toi un agent secret ? Visiblement, ça a marché pour Banane.

EXPERTE DU MÉTAL

Inclus dans le pack Experte du métal et membre de l'ensemble Cœur royal, cet adorable robot à l'accessoire de dos tape-à-l'œil peut s'avérer mortel. À ne pas confondre avec Chef de l'équipe Mecha, de l'ensemble Ultime bataille.

MIDAS REX

Si le Midas d'origine du Passe de combat du Chapitre 2 : Saison 2 manque un peu de métal dans sa tenue, Midas Rex, inclus dans le pack Dernier rire, rattrape carrément le coup avec sa combinaison intégralement métallique. Une tenue géniale, tout simplement !

GALAXIA

Tenue exclusive du premier pack du Club de Fornite sorti durant le Chapitre 2 : Saison 5, Galaxia est un objet cosmétique convoité. Si elle s'inspire probablement des tenues Galaxie et Terreur fluo, ses couleurs, paillettes et étincelles lui assurent un style unique.

MENACE

Son nom va comme un gant à sa nature. Si parader avec un casque de gladiateur et des accessoires dorés te branche, tu as intérêt à être à la hauteur de ton style. Ça tombe bien, c'est le cas pour Menace.

PANTIN

Aperçu pour la première fois dans la boutique du Chapitre 2 : Saison 3, puis régulièrement de retour, Pantin sait se bouger quand il faut affronter l'ennemi. Sa silhouette est simple et élancée, bien que son style Fibre de carbone lui donne un côté à la fois plus robuste et plus high-tech. Son accessoire de dos idéal ? Mauvais virage.

PIONCEUR

Ne t'endors pas sur tes lauriers ! Pionceur doit rester alerte sur le champ de bataille, tout comme ses ennemis lorsqu'ils se retrouveront face à sa tenue multicolore ornée de gros yeux et de petites ailes. La tenue a peut-être l'air confortable, mais essaie de ne pas t'endormir dedans pendant une mission.

ENSEMBLE AUCUNE LIMITE

Les super-héros, dont ceux de l'ensemble Aucune limite, peuplent le Chapitre 2 : Saison 4. Ces tenues sont proposées avec des centaines d'options et de combinaisons, comme le costume, le masque, la ceinture, le motif et les yeux. Les héros de cet ensemble incluent Pisteur, Envol, Polarité, Rétroaction, Hypersonique, Itinérant, Magnética, Boutefeu, Électrochoc et Voltage.

ÉPI

Cette tenue rare apparaît dans la boutique du Chapitre 2 : Saison 4 et les joueurs l'ajoutent bien vite à leur casier. Il n'est bien sûr pas interdit de rire sur l'île, mais Épi sait quand il est temps de passer aux choses sérieuses. Cela dit, un gigantesque épi de maïs avec un sourire narquois ? Soyons sérieux.

BONUS ESSENTIELS

CRÊPE VOLANTE

Gâthomme ne sauterait jamais sans son fidèle planeur ! Sache que l'ensemble Crapule à la crêpe est plein de délicieux objets de ce genre.

FAISCEAU ÉTHÉRÉ

Issu de l'ensemble Aucune limite, cet outil de collecte unique a un succès fou chez les fans.

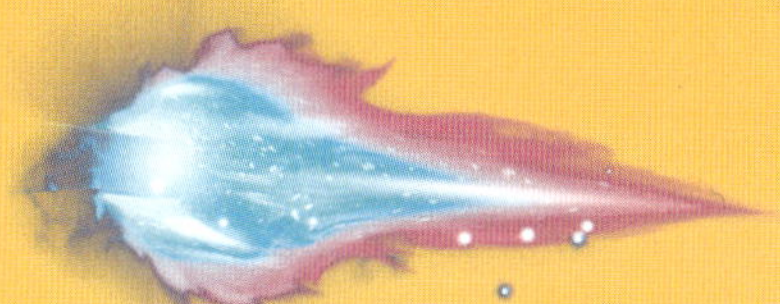

SOLIDE ÉCLATÉ

L'ensemble Avant-garde anguleuse du Chapitre 2 : Saison 5 allie classe et futurisme. Et cet accessoire de dos n'y est pas pour rien !

RADIOCASSETTE 3000

Emmène tes meilleurs titres au combat. Un accessoire de dos rétro, mais toujours à la mode.

UNE ÎLE EN MOUVEMENT

LA CARTE DU CHAPITRE 2

Nouveau chapitre, nouvelle île ! Le paysage qui hébergeait la Saison X et les neuf campagnes précédentes a bien changé. Tout au long de ce chapitre, lieux et points d'intérêt apparaissent et évoluent, offrant de nouvelles aventures et des défis inédits à qui parcourt la carte. L'action s'accélère lorsque l'île est inondée, puis accueille le désert cristallin, et voit la construction de la Flèche.

FORTOGRAPHIE

Au début du Chapitre 2 : Saison 5, l'équipe de Fortnite a encouragé les joueurs à partager leurs captures d'écran, dans ce qui a été appelé la « fortographie ». Et la communauté a su capturer de grands moments !

STEALTHY STRONGHOLD
PLEASANT PARK
COLOSSAL CROPS
BONEY BURBS
LA FLÈCHE
DIRTY DOCKS
SLURPY SWAMP

PLEASANT PARK

De retour au Chapitre 2 : Saison 5, Pleasant Park est un mélange de maisons de banlieue et de petits bâtiments à piller et où se cacher. Déjà sur la carte en 2017, ce lieu a depuis toujours attiré de vieux fans en quête de récompenses.

COLOSSAL CROPS

Abritant les restes du Colossal Coliseum du Chapitre 2 : Saison 5, Colossal Crops devient vite un lieu incontournable de la saison suivante. Installé au nord-est de la Flèche, son paysage est aux couleurs de l'automne permanent de la région et héberge un mélange de terres agricoles et de bâtiments.

LA FLÈCHE

Lieu le plus emblématique du Chapitre 2 : Saison 6, la Flèche domine son village et les alentours aux couleurs automnales. Ce lieu, généralement très animé, recèle récompenses et ressources qui t'aideront au combat. Apporter une orbe jusqu'à la Flèche te permet de t'emparer des Bottes de saut de la Flèche, de rareté mythique.

STEALTHY STRONGHOLD

Va au nord-est de la carte pour découvrir ce lieu fort intéressant. Au-delà de ses immenses murs se trouvent de nombreux arbres, ainsi que des ruines. L'épaisse jungle permet de se cacher facilement et de surprendre ses ennemis. Une mystérieuse capsule y apparaît au Chapitre 2 : Saison 5.

SLURPY SWAMP

Quand les eaux du Chapitre 2 : Saison 3 se sont retirées, ce paradis des soins a retrouvé sa gloire passée. Rends-toi ici pour boire une gorgée de ses eaux revitalisantes et fais un tour dans l'usine pour booster tes points de bouclier. Ses réservoirs de Bleuvage sont quant à eux un remède miraculeux pour te refaire une santé !

BONEY BURBS

Va vers l'ouest depuis la Flèche et tu entreras dans l'arène un peu désuète de Boney Burbs. Apparu au Chapitre 2 : Saison 6 à la place de Salty Towers, cet endroit est avant tout une zone urbaine à explorer. Cache-toi entre les bâtiments pour éviter d'être victime d'un sniper.

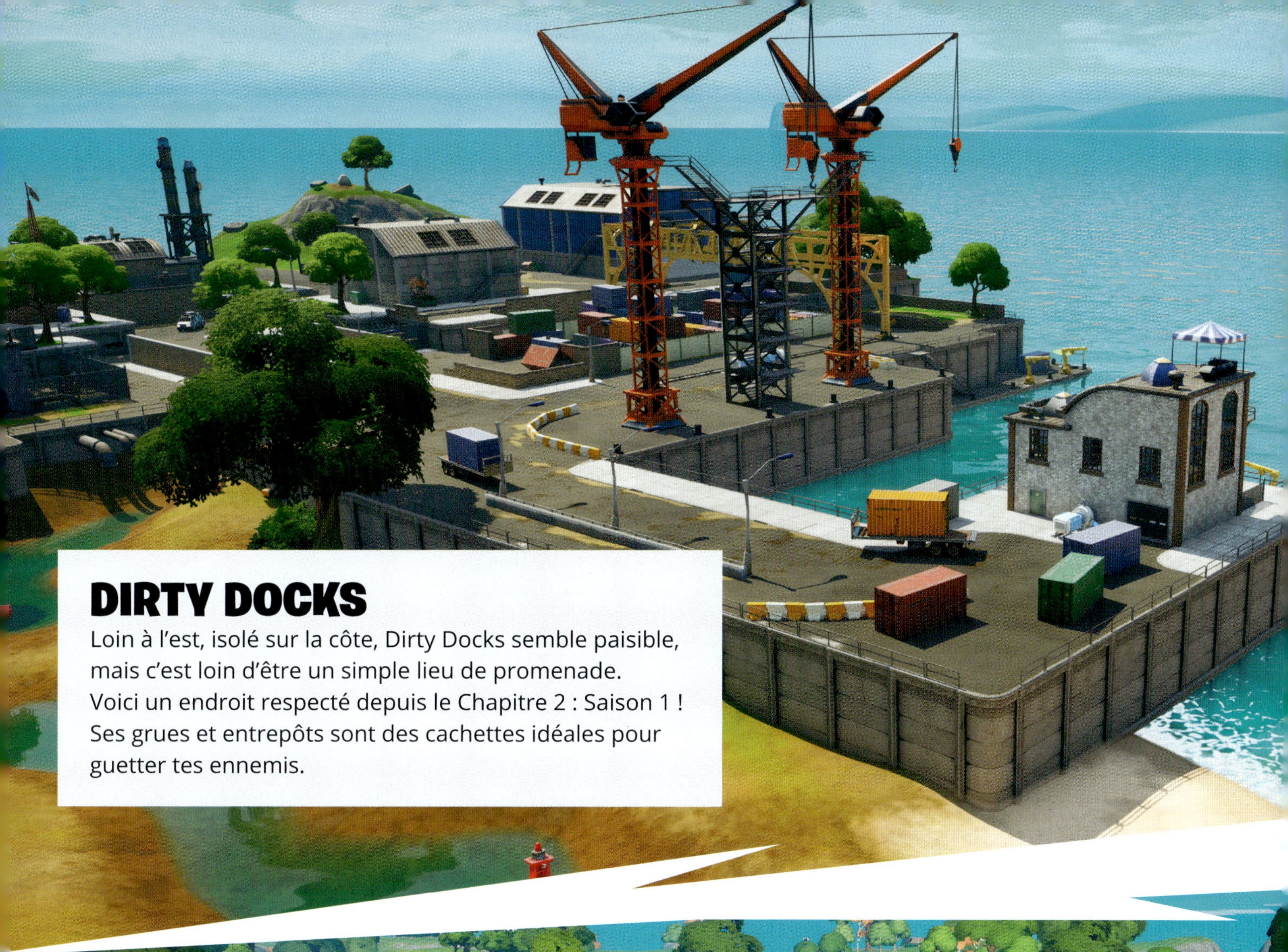

DIRTY DOCKS

Loin à l'est, isolé sur la côte, Dirty Docks semble paisible, mais c'est loin d'être un simple lieu de promenade. Voici un endroit respecté depuis le Chapitre 2 : Saison 1 ! Ses grues et entrepôts sont des cachettes idéales pour guetter tes ennemis.

SWEATY SANDS

Bourré de coffres à butin convoités, Sweaty Sands est un lieu à garder en ligne de mire lorsque tu sautes du bus de combat. Son quai attire de nombreux visiteurs, et l'hôtel et les maisons valent aussi le coup. Dirige-toi vers Coral Castle, au nord, quand tu as fini de visiter le coin.

LIEUX EMBLÉMATIQUES

LES LIEUX PRÉFÉRÉS DU CHAPITRE 2

LE POINT ZÉRO

Le point zéro surplombe le centre de la carte du Chapitre 2 : Saison 5. Le désert environnant représente un sacré changement de terrain et il vaut mieux se méfier de ses sables mouvants, où des ennemis peuvent se mettre à couvert. Savoir repérer ses adversaires est un vrai plus dans les environs !

COLOSSAL COLISEUM

Lorsque tu vas là-bas, préfères-tu passer par la grande entrée ou escalader ses immenses murs ? Qu'importe ton approche de cette arène, mieux vaut être sur tes gardes car tu peux y être attaqué de n'importe où. Et comme l'agencement de Colossal Coliseum change à chaque fois, tu as intérêt à être attentif en entrant.

L'AGENCE

Au centre de la carte, la demeure du Fantôme est protégée par d'innombrables sbires, par des tourelles et par le boss, Midas. Cette intimidante structure de pierre disparaît durant l'événement le Dispositif, puis devient l'Autorité, gardée par l'Ombre.

LA PLATEFORME

Au large de Slurpy Swamp, la Plateforme est un lieu moins effrayant que d'autres, mais a tout de même une atmosphère un peu sinistre. L'inondation du Chapitre 2 a mis l'installation hors-service, devenue depuis La Flottille.

LA FLOTILLE

Après l'inondation, La Flotille devient une base Fantôme pour aider l'organisation à s'adapter au nouveau visage de l'île. Les étrangers doivent y faire preuve de prudence, car des sbires gardent les lieux.

À L'ÉPOQUE

LES POINTS D'INTÉRÊT DU CHAPITRE 1 DISPARUS MAIS PAS OUBLIÉS

SNOBBY SHORES

Ce luxueux mélange de demeures et de bâtiments était situé à l'ouest de la carte – c'était d'ailleurs le point d'intérêt le plus à l'ouest. Avec ses belles maisons et sa piscine rafraîchissante, le quartier permettait de profiter d'un peu de calme. Quel dommage de voir ce lieu abriter combats et pillages pour des matériaux ou du butin. Les habitants n'ont pas trop apprécié !

PARADISE PALMS

Si tu aimes Sweaty Sands du Chapitre 2, alors Paradise Palms devait sûrement être un de tes lieux préférés du Chapitre 1. Installé au cœur d'un vaste désert, c'était un point chaud. On y trouvait un hôtel et une piscine au milieu de bâtiments chics. Le sommet de l'hôtel était d'ailleurs un bon point d'atterrissage.

TOMATO TOWN

Situé au nord-est, Tomato Town est apparu dans le Chapitre 1 : Saison 1 avant de devenir le Tomato Temple lors de la Saison 5. Les fans adoraient lancer des raids sur le restaurant et la station-service pour obtenir du butin avant de patrouiller dans les rues en quête de récompenses.

GREASY GROVE

Greasy Grove n'a cessé d'aller et venir tout au long du Chapitre 1 de Fortnite. Ce mélange de rues de banlieue traditionnelles a connu plusieurs inondations et même une période glaciale, mais il a toujours continué à attirer les joueurs en quête de butin. Le fameux restaurant Durrr Burger en était le lieu le plus emblématique.

TILTED TOWERS

Tilted Towers a été remplacé par Salty Towers au Chapitre 2 : Saison 5, mais durant tout le premier chapitre, c'était le lieu où il fallait aller si on voulait de l'action. Son ensemble de gratte-ciel et le grand nombre de joueurs qui visaient ce lieu en sautant du bus de combat sont de bons indicateurs de la folle course aux armes qui s'y déroulait.

BONNE ROUTE

TOUJOURS PLUS VITE

Le chariot de supermarché est idéal pour faire les fous avec tes potes, et la voiturette tout-terrain permet à quatre joueurs de se déplacer rapidement. Mais ces ajouts du Chapitre 1, dont le quad à réaction, ne sont pas vraiment appropriés aux routes de l'île. Heureusement, le Chapitre 2 : Saison 3 introduit quatre voitures géniales dans l'action !

Quatre nouveaux véhicules débarquent avec la mise à jour Folle virée et te permettent de faire la course à volonté. Fonce sur les routes et dans les champs de l'île pour éviter la Tempête et tes ennemis. Mais attention, n'oublie pas de garder un œil sur ta jauge de carburant. Tu peux aussi choisir un de ces véhicules pour rejoindre l'un des modes temporaires pour plus de fun. Alors prends le volant et appuie sur le champignon !

CHOISIS TA CAISSE

L'ÉLITE DES VÉHICULES TERRESTRES DE FORTNITE

ISLANDER PREVALENT

Cette berline familiale peut embarquer un conducteur et trois passagers. Roulant à une vitesse correcte, elle peut permettre à ta section d'atteindre ses objectifs. Pas la plus sportive des voitures du jeu, mais c'est toujours mieux que de courir à découvert.

VICTORY MOTORS WHIPLASH

Plus c'est petit, plus c'est rapide, et plus c'est stylé ! Mais cela veut aussi dire que seuls deux joueurs peuvent profiter de la Whiplash. Son turbo améliore grandement son accélération, mais il consomme pas mal d'essence.

TITANO MUDFLAP

Vitesse et maniabilité ne sont pas le fort de ce camion. Cependant, il écrase tout sur son passage. Le Titano Mudflap peut raser les constructions de joueurs et causer quantité de dégâts. Tout comme le pickup OG Bear, il a beaucoup de points de vie, donc avec le plein, il peut retourner la partie.

OG BEAR

Il n'y a pas que les routes et le goudron dans le jeu. Parfois, il faut sortir des sentiers battus et conduire un peu à la sauvage. Le pickup OG Bear s'en sort mieux que les autres voitures sur les terrains accidentés et a un grand réservoir. Quatre personnes peuvent monter à bord, ce qui est bien pratique.

ÇA VA BOUGER

Le Chapitre 2 fait bouger les joueurs de bien des manières. Le mode temporaire Jeux d'espions Opération : cargaison fait s'affronter des équipes de huit joueurs. L'une escorte un camion jusqu'à sa destination et l'autre doit le stopper à tout prix ! Réussir ta mission te permet de débloquer des technologies, c'est-à-dire du matériel et des compétences spéciales disponibles dans d'autres Jeux d'espions, dont un réacteur dorsal et le double-saut.

MONTE À BORD

LES MACHINES QUI FONT BOUGER

CHOPPA

Dans le Chapitre 2 : Saison 2, le choppa transforme les cieux en champ de bataille. Il permet à toute une section d'ouvrir le feu sur ses ennemis restés au sol ! Mais attention, le choppa peut aussi devenir une cible idéale. Bouger rapidement et rester caché derrière le relief est la meilleure façon d'utiliser cet hélico.

LE CANOT MOTORISÉ

Avec toute cette eau sur la carte du Chapitre 2, il fallait aux joueurs un moyen de locomotion leur permettant de naviguer. Et heureusement, le canot motorisé a fait son apparition ! Avec quatre sièges et un super turbo, il peut même aller sur la terre ferme si le conducteur sait le manier et limite les dégâts. L'un de ses plus grands atouts ? Ses missiles embarqués.

B.R.U.T.E.

Trouve un pote et saute dans ce robot géant. Pendant que l'un conduit, l'autre gère les armes. Peut-être l'un des véhicules les plus fous, B.R.U.T.E. a complètement changé le jeu durant sa brève existence au cours de la Saison X.

BULLE MOBILE

Unique de bien des manières, la bulle mobile abrite un seul occupant et fonce sur sa cible une fois son grappin accroché à celle-ci. Arrivée dans Battle Royale durant la Saison 8, elle coexiste avec l'aéroplanche, un autre véhicule solo.

X-4 AQUILON

Grâce à l'événement hivernal Opération Chute de neige du Chapitre 2 : Saison 5, les joueurs profitent à nouveau du frisson du vol aux commandes du X-4 Aquilon. Cet appareil plébiscité par les fans, aussi appelé le biplan, est apparu pour la première fois dans le Chapitre 1 : Saison 7.

RETOUR À LA PLANCHE À DESSIN

DESSINE LEXA

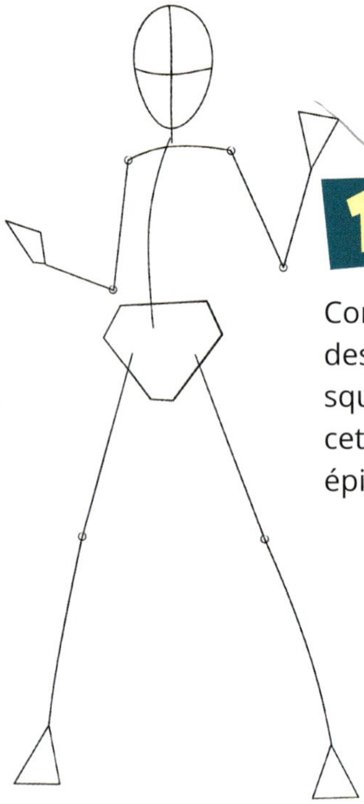

1

Commence par dessiner le squelette de cette tenue épique.

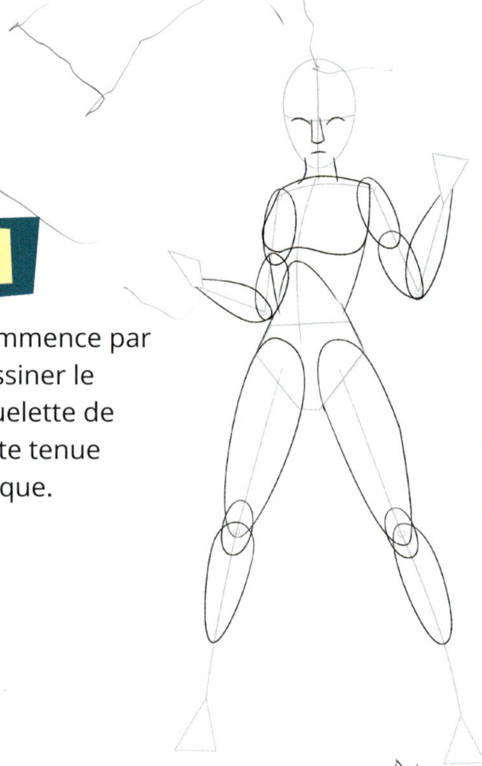

2

Dessine la forme de la silhouette, en gardant la posture en tête. Lexa pose fièrement, le corps légèrement incliné.

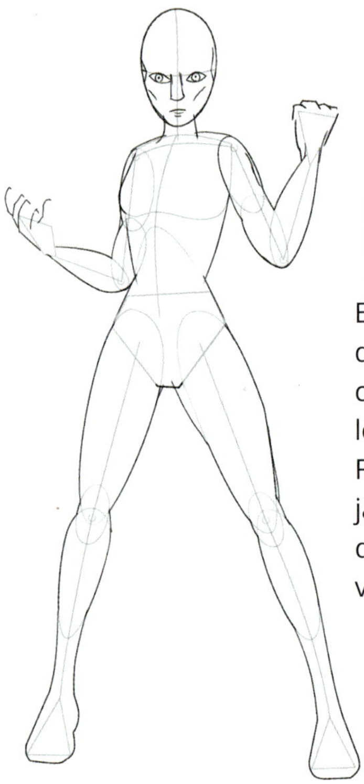

3

En utilisant les formes de l'étape précédente, commence à dessiner le contour du corps. Forme les bras et les jambes et esquisse quelques détails du visage.

4

Il est temps de dessiner l'armure. Décompose le dessin : chaque partie est en réalité une figure géométrique assez basique.

5 Concentre-toi sur la partie supérieure et ajoutes-y des détails avec un crayon bien taillé. Progresse doucement et efface ce qui ne te va pas.

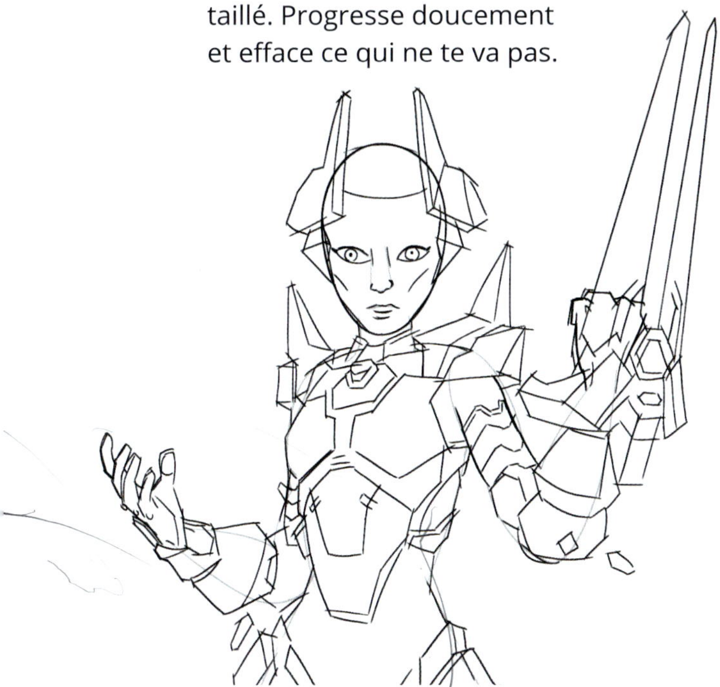

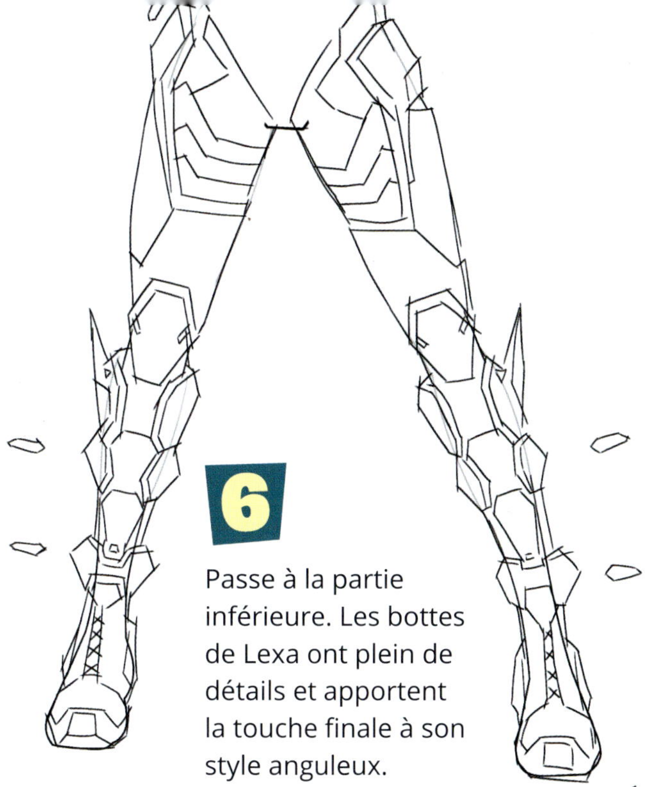

6 Passe à la partie inférieure. Les bottes de Lexa ont plein de détails et apportent la touche finale à son style anguleux.

7 Repasse sur les contours et efface ce qui reste du crayonné. Fais les yeux, la bouche, et un nez marqué pour appuyer le style de Lexa.

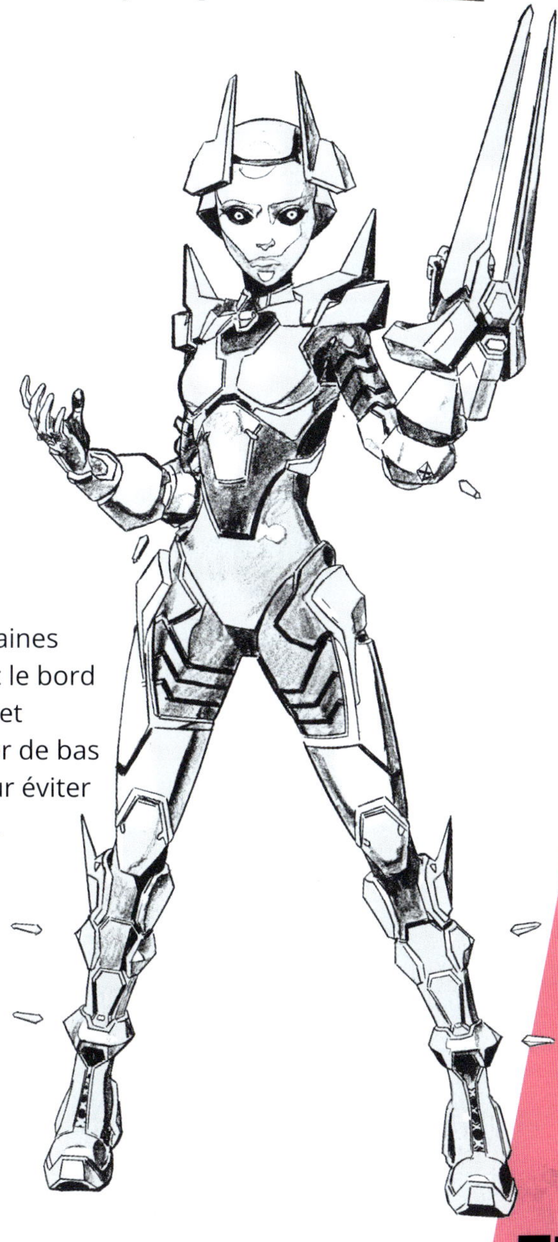

8 Noircis certaines parties avec le bord de ta mine, et essaie d'aller de bas en haut pour éviter les bavures.

DESSINE
LA VICTORY MOTORS WHIPLASH

1

Trace d'abord le contour de cette voiture à deux places avec des formes très simples.

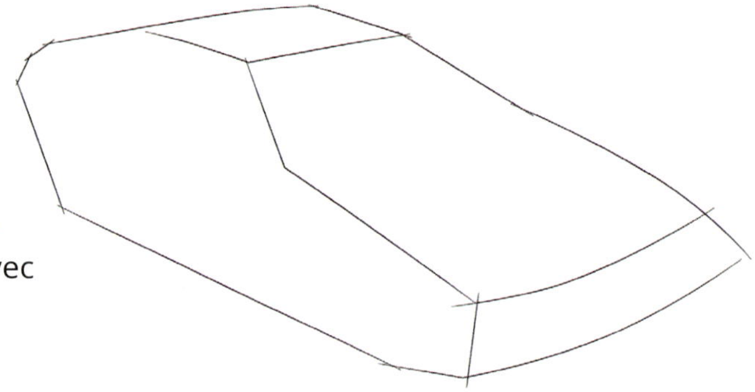

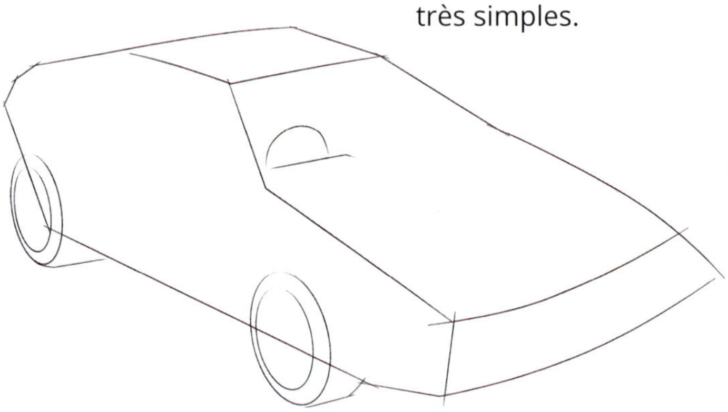

2

Ajoute deux roues, avec des cercles pour les jantes et les pneus. Efface les cercles tant qu'ils ne te conviennent pas.

3

Passe aux détails. Dessine les enjoliveurs, les rétroviseurs, l'aileron arrière et la prise d'air du capot.

4

Continue à affiner la carrosserie. Ajoute les portières et donne du relief à la prise d'air du capot. C'est aussi le moment d'ajouter de la profondeur aux roues.

5 Concentre-toi sur l'intérieur. Il est étroit, mais il doit contenir deux sièges. Dessine aussi ce qui se trouve à l'arrière. Ajoute enfin des détails à l'aileron.

6 Assure-toi que ton crayon est bien taillé. Trace des lignes en diagonale pour donner de la texture aux sièges. Puis, détaille les jantes en dessinant des lignes partant du centre de la roue vers l'extérieur.

7 Ajoute des ombres aux zones comme les pneus ou l'aileron. Efface la partie centrale supérieure du volant.

8

Le contraste entre les parties sombres et lumineuses donne un look sportif à la Whiplash. Assombris légèrement l'intérieur pour faire ressortir l'impeccable carrosserie.

STRATÉGIE DE COMBAT

L'ART DE LA VICTOIRE

Avoir des compétences de survie et savoir fabriquer des objets peut vraiment faire la différence durant les temps primitifs du Chapitre 2 : Saison 6. La possibilité de fabriquer une arme augmente sérieusement ta puissance de feu ou celle de ta section et peut permettre de renverser la partie.

L'arrivée des armes exotiques, comme le fusil à pompe Souffle du dragon ou le revolver à lunette, et de leurs pouvoirs spéciaux, lors du Chapitre 2 : Saison 5, est aussi une grande nouveauté. Mettre la main sur l'une d'entre elles donne tout de suite une autre dimension à ta technique de combat. Le Chapitre 2 apporte aussi son lot d'armes et d'objets géniaux, comme le fusil à pompe à charge ou le fusil à pompe à levier.

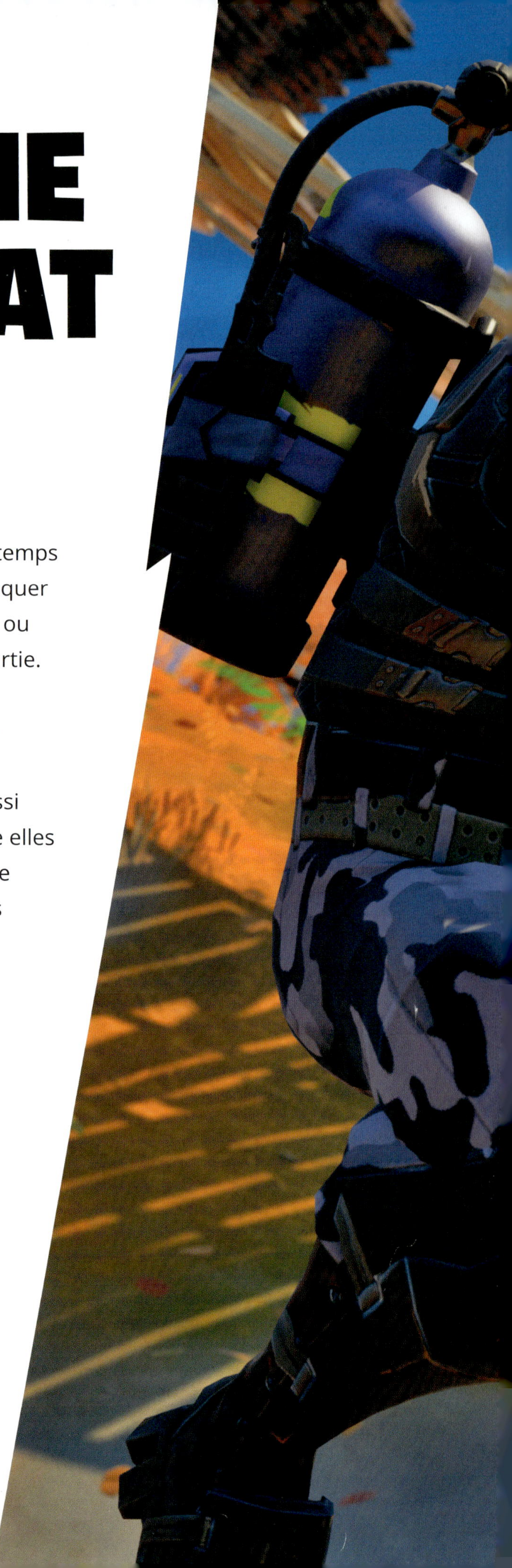

OPTIONS D'ÉQUIPEMENT

LES CHOIX DU CHAPITRE 2

LE FUSIL PRIMITIF

Pour fabriquer cette super arme réputée pour les gros dégâts qu'elle cause, tu auras besoin de deux éléments, à savoir un fusil improvisé et des os d'animaux. Pour l'assembler, il te suffit d'ouvrir l'onglet d'artisanat dans le menu et de sélectionner ces derniers.

LE FUSIL À POMPE PRIMITIF

Cette arme fait son grand retour au début du Chapitre 2 : Saison 6, aussi bien en tant que butin qu'objet à créer. Les armes improvisées ont la particularité de pouvoir être transformées en armes courantes comme le Fusil à pompe primitif, le revolver ou le fusil d'assaut. Cette méthode nécessite toutefois des pièces mécaniques prélevées sur des machines.

LE FUSIL À POMPE SOUFFLE DU DRAGON

Ajouté en tant qu'arme épique et légendaire dans le Chapitre 2 : Saison 5, ce fusil à pompe donne très chaud. Une fois touchées, ses cibles prennent feu, ce qui te permet d'éliminer tes ennemis en mettant feu aux bâtiments dans lesquels ils se cachent. Le sniper Souffle du dragon, exotique, fonctionne à l'identique, avec une attaque aussi brûlante qu'à longue portée qui réchauffera l'ambiance à coup sûr.

LE FUSIL DE SNIPER EXPLOSIF

Dans le Chapitre 2 : Saison 5, rencontrer le personnage Badaboum te donne l'opportunité d'échanger des lingots contre cette beauté ! Les munitions du fusil de sniper explosif s'accrochent à l'ennemi, puis explosent au bout de quelques secondes pour un résultat maximal garanti. Une arme longue portée à laquelle on s'attache vite.

LE PISTOLET TRAQUEUR OBSCUR

Avec son style rouge et blanc, ce pistolet exotique est un autre petit nouveau du Chapitre 2 : Saison 5. Obtenu auprès de Reese, puis de Guitariste, le petit plus du pistolet traqueur obscur est de marquer l'emplacement de ta cible pour que ta section puisse prendre part aux festivités. Impossible de se cacher !

LE REVOLVER AIGLE NOCTURNE

Retrouve Gâthomme à Butter Barn et achète-lui cet incroyable revolver à lunette thermique. Cette arme est parfaite à mi-distance, et la lunette thermique permet de traquer n'importe quelle cible furtive. C'est très pratique dans la Tempête pour identifier l'ennemi malgré la mauvaise visibilité.

LE FUSIL DE SNIPER D'ÉCLAIREUR

Les joueurs du Chapitre 1 se souviennent de l'arme d'éclaireur originale, qui comprenait une station météo intégrée prévoyant les mouvements de la Tempête. Eh bien, le sniper d'éclaireur du Chapitre 2 : Saison 5 reprend cette idée bien pratique. C'est auprès de Lexa qu'il faut aller l'échanger.

LE LANCEUR D'ONDES DE CHOC DE KIT

Vaincre Kit lors du Chapitre 2 : Saison 3 n'est pas chose aisée, mais la récompense en vaut la peine ! Voici une arme qui fait des ravages ! Lance des grenades à onde de choc sur l'ennemi pour l'envoyer valdinguer, et utilise cette arme sur ta section pour la dégager loin d'un danger. Une arme complètement folle et fun !

LE CRAMPONNEUR À PLANEUR DE JULIE

Tout est dans le nom… C'est un objet bien pratique du Chapitre 2 : Saison 3. Il fonctionne comme le cramponneur classique, et tu peux l'utiliser comme grappin pour te propulser vers un objet. Grâce à cette arme, tu peux également redéployer ton planeur. Aussi, éliminer Julie pour l'obtenir est un sacré bonus.

LE QUADRILANCEUR À RAFALE

Le quadrilanceur à rafale est une arme exotique issue du Chapitre 2 : Saison 5. Explosif à souhait et récupérable auprès de Poiscaille, ce monstre de puissance à l'air menaçant envoie quatre roquettes par tir.
Mieux vaut être du bon côté !

LE FUSIL À POMPE À LEVIER

De rareté typique à légendaire, cette arme fait de gros dégâts, mais tu as intérêt à prendre le temps de la recharger.

LA MINE DE PROXIMITÉ

Tu as intérêt à ce l'on ne te pose pas une « colle » avec cette mine de proximité !
Cet explosif du Chapitre 2 : Saison 2 nécessite seulement d'être déposé sur une surface quelconque et explosera au moindre contact d'une arme ou d'un pied malchanceux.
Cette mine colle même aux véhicules.
Attention aux dégâts !

SOUVENIRS DE BATTLE ROYALE

GARDE UNE TRACE DE TES MEILLEURES PARTIES

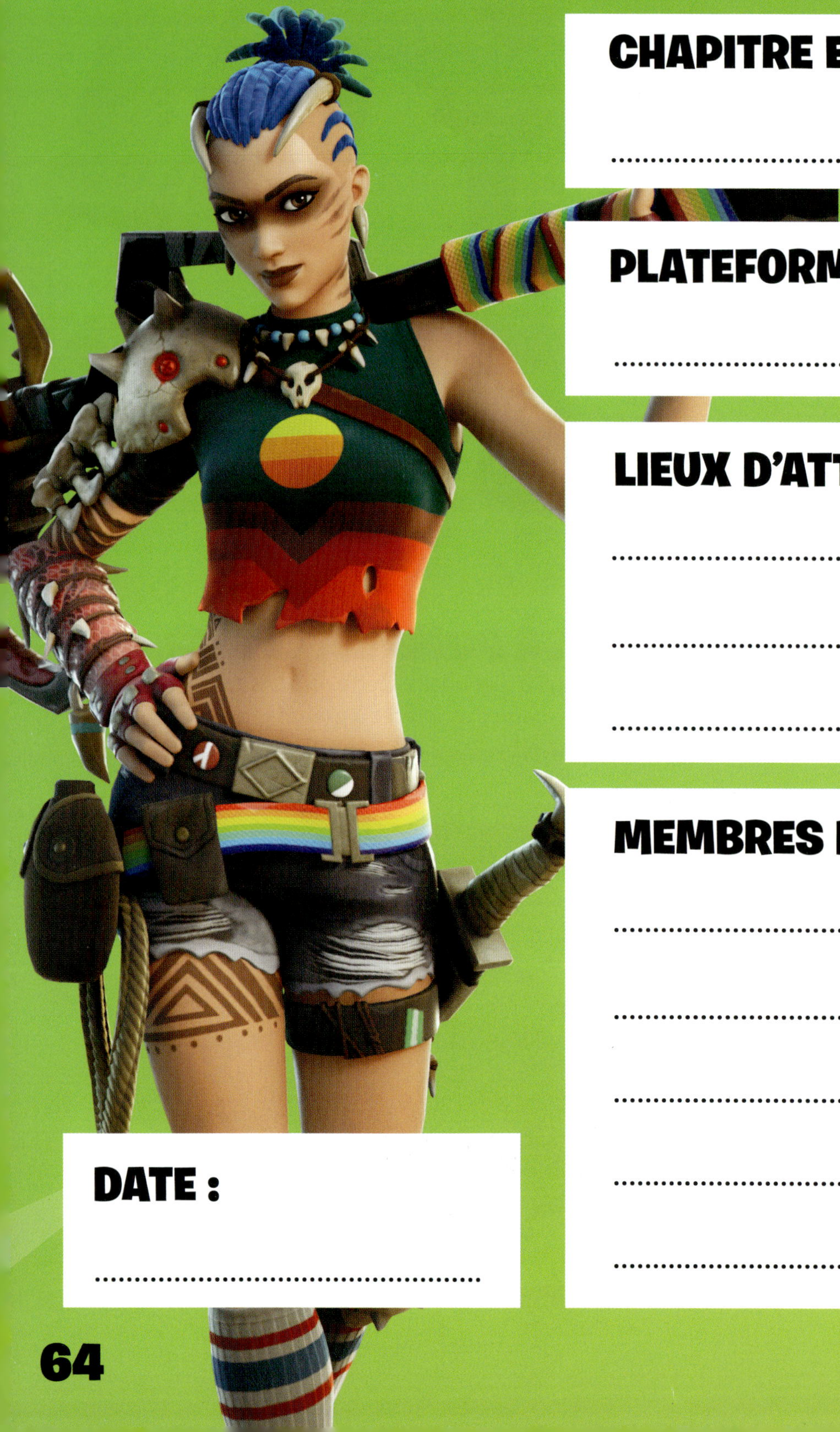

CHAPITRE ET SAISON :

....

PLATEFORME DE JEU :

....

LIEUX D'ATTERRISSAGE :

....

....

....

MEMBRES DE LA SECTION :

....

....

....

....

....

DATE :

....

CASIER :

TENUE

....

PLANEUR

....

ACCESSOIRE DE DOS

....

PIOCHE

....

EMOTES

....

ÉQUIPEMENT :

....

....

....

....

....

....

....

TACTIQUES :

....

....

....

....

....

....

....

STATS CLÉS :

LE PLUS D'ÉLIMINATIONS EN UNE PARTIE :

....

LE PLUS D'ÉLIMINATIONS EN UNE JOURNÉE :

....

CLASSEMENTS FINAUX :

....

VICTOIRES ROYALES GAGNÉES :

....

FAVORIS FORTNITE

MODES TEMPORAIRES PRÉFÉRÉS :

....

....

....

....

....

ARMES PRÉFÉRÉES :

....

....

....

....

....

....

....

TACTIQUES PRÉFÉRÉES :

....

....

....

....

TENUES PRÉFÉRÉES :

....

....

....

....

CRÉATEURS ET STREAMERS PRÉFÉRÉS :

....

....

....

....

VÉHICULES PRÉFÉRÉS :

....

....

....

....

LIEUX PRÉFÉRÉS :

....

....

....

....

....

CODES CRÉATEURS PRÉFÉRÉS :

....

....

....

....

DANSE AU COMBAT

BOUGE TON CORPS AVEC CES EMOTES DU CHAPITRE 2

Que tu les récupères à la boutique, dans le Passe de combat ou que tu en utilises une liée exclusivement à une tenue, les emotes restent un élément incontournable de Battle Royale dans le Chapitre 2. Faire tes plus beaux pas de danse est un des aspects cool du jeu, et de nombreux fans préparent leur danse de la victoire à l'avance, voire la coordonnent avec leur section. La Couche de sirop de Gâthomme et le Protocole de chasse de Lexa sont deux des emotes intégrées du Chapitre 2 : Saison 5.

CHOISIS TA DANSE

GHETTO-BLASTER

Balade-toi et danse au son du gros radiocassette de Ghetto-blaster. Débloquée au niveau 16 du Passe de Combat de la Saison 2 : Chapitre 5, cette emote envoie du lourd !

CHAISE DE BUREAU

Pas besoin de te lever pour faire ce mouvement. Balance-toi juste dans ta chaise de bureau et le tour est joué !

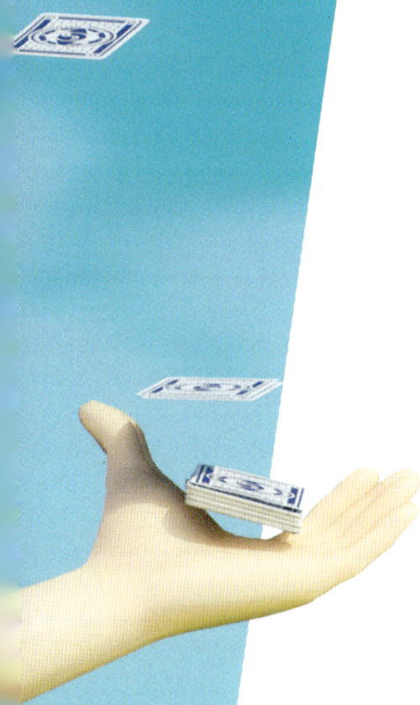

C'EST COMPLIQUÉ

Tu aimes les choses complexes ? Alors, enchaîne les petits gestes vifs avec l'emote C'est compliqué, et assure-toi que tout le monde te regarde.

POP-CORN GÉANT

Arrivée en même temps que le festival Les Courts de Fortnite, en mode Fête Royale, cette emote dédiée aux fans du grand écran leur permet de grignoter tout au long du film !

ENCORE PLUS DE SUPER DANSES

COUCHE DE SIROP

Une emote intégrée à Gâthomme pour se recouvrir de sirop après avoir joué avec la bouteille. Gare au sucre !

CHANT DE MARIN

Sortie lors du Chapitre 2 : Saison 5, cette emote connait un vrai succès en section. Plus il y a de joueurs qui l'activent à proximité, plus la musique s'enrichit. Alors, sors ton tambour et « bats » l'ennemi !

RITUEL DU GUERRIER

Comment un guerrier se prépare-t-il au Battle Royale ? En mettant un genou au sol, en prenant de la terre et en s'en frottant les mains.

MIAOU COSTAUD

Fais poser Miaousclé grâce à cette emote intégrée, issue de l'ensemble Matou musclé. Un, deux, trois, on contracte !

TOPE LÀ

Et voici la première emote synchronisée de Battle Royale. Lève la main et tope avec un autre joueur !

SALUT DES INITIÉS

Introduite avec le Club de Fortnite, Salut des initiés est une autre emote synchronisée, ce qui signifie que tu peux la faire avec un autre joueur. Dirige-toi vers quelqu'un et lance ce salut élaboré, ça marche même s'ils ne sont pas membres du club.

GROGNON

Une emote qui ne demande pas grand-chose, juste de te tenir sous un nuage en grimaçant, trempé par la pluie !

MASHED POTATOES

En haut, en bas, puis agite les pieds et les mains ! Cette emote du Chapitre 2 : Saison 5 est aussi simple que de faire une purée.

QUIZ FORTNITE

TESTE TES NEURONES DE BATTLE ROYALE

ENCHAÎNE LES 25 QUESTIONS ET REGARDE TON RÉSULTAT EN PAGE 75.

TYPIQUE

QUESTIONS CLASSIQUES DE BATTLE ROYALE (UN point par bonne réponse)

1. Quel est le nom de la grosse machine bleue depuis laquelle les joueurs sautent en début de partie ? ....

2. Comment s'appelle la boîte de stockage contenant du butin comme des armes ou des soins ? ....

3. Quel est le surnom du Chapitre 2 : Saison 2 ? ....

4. Qu'est-ce qui n'est PAS un matériau de construction dans Fortnite : le bambou, le bois, le métal ou la pierre ? ....

5. Quels sont les deux mots employés quand tu gagnes une partie de Fortnite ? ....

ATYPIQUE

ÇA SE COMPLIQUE. (DEUX points par bonne réponse)

6. Comment s'appelle la monnaie utilisée dans Fortnite ? ....

7. Qu'est-ce qui n'est PAS un type de rareté : légendaire, mythique, exotique ou fantastique ? ....

8. Nounours Ailé, Air Câlins et Papatte sont quel genre d'objets ? ....

9. De quel ensemble sont issues les tenues Monsieur Tomate et Pyjama Pizza ? ....

10. Comment s'appelle la machine permettant de ranimer un membre de sa section apparue dans le Chapitre 1 : Saison 8 ? ....

RARE

SUIS LE RYTHME. (TROIS points par bonne réponse)

11. Comment s'appelle cet objet apparu dans le Chapitre 1 : Saison 5 permettant de construire un fort ? ....

12. Lors de quelle saison TNTina est-elle arrivée ? ....

13. Quel type de balles tire le fusil d'assaut tactique ? ....

14. Qui est-ce ? ....

15. En mode Créatif, combien de chiffres composent un code d'île ? ....

RÉPONSES PAGE 74

ÉPIQUE

RÉFLÉCHIS BIEN ! (QUATRE points par bonne réponse)

16. Sur la carte originale du Chapitre 1, lequel de ces lieux était situé le plus au sud : Flush Factory, Salty Springs ou Greasy Grove ? ....

17. « X ouvre la voie » est le slogan de quelle saison ? ....

18. Qui a gagné la Fortnite World Cup 2019 en solo ? ....

19. Pour quel compagnon les styles Pirate et Doré étaient-ils disponibles ? (Un compagnon est un type d'accessoire de dos.) ....

20. De quel ensemble le Visiteur, le Scientifique et le Paradigme font-ils partie ? ....

LÉGENDAIRE

PRENDS TON TEMPS, GARE AUX PIÈGES ! (CINQ points par bonne réponse)

21. Comment s'appelle ce lieu au nord du Chapitre 1 plein de vieilles voitures et de bouts de métal ? ....

22. Quelle est la taille du chargeur du fusil à pompe à levier ? ....

23. Durant quelle saison le chariot de supermarché a-t-il été remisé ? ....

24. Quel mystérieux objet mauve réduit la visibilité, augmente la vitesse et permet de traverser les murs ? ....

25. Comment s'appelle le trophée récompensant les champions de la Fortnite Champion Series, sorti lors du Chapitre 2 : Saison 2 ? ....

RÉPONSES :

1. Bus de combat, **2.** Coffre, **3.** Top secret, **4.** Le bambou, **5.** Victoire royale, **6.** V-bucks, **7.** Fantastique, **8.** Planeur, **9.** Livraison de pizza, **10.** Van de rétablissement, **11.** Forteresse de poche, **12.** Chapitre 2 : Saison 2, **13.** Balles légères, **14.** Neigionnaire furtif, **15.** 12, **16.** Flush Factory, **17.** Chapitre 1 : Saison 8, **18.** Kyle « Bugha » Giersdorf, **19.** Tilleul, **20.** Les Sept, **21.** Junk Junction, **22.** 9, **23.** Chapitre 1 : Saison 8, **24.** Pierre d'ombre, **25.** La Hache des champions.

QUEL EST TON SCORE ?

Compte tes points et regarde ton classement de Battle Royale...

0-15	16-30	31-45	46-60	61-74	75
Tu as encore beaucoup à apprendre, mais ne renonce pas !	Tu connais les bases mais tu peux t'améliorer. Continue à t'entraîner !	Tu connais bien Fortnite. Tu peux être fier de toi !	Un très bel effort. Tu connais vraiment bien l'île.	Un sacré score ! Tu as raté le sommet de peu.	La perfection absolue. Personne ne maîtrise l'île aussi bien que toi !

Publié pour la première fois en août 2021 par Wildfire.

Traduction : Julien Hervieux. Relecture : Evocati.
Mise en pages : Clara Gilbert.
Édité en 2021 par Hachette Livre, 58 rue Jean Bleuzen, 92178 Vanves Cedex.
Loi n°49-956 du 16 juillet 1949 sur les publications destinées à la jeunesse. Édition 01.
Dépôt légal : septembre 2021.
Achevé d'imprimer en France en septembre 2021 par Pollina - 98742.

EPIC GAMES

www.epicgames.com

hachette
JEUNESSE